AF562520

ABRÉGÉ
DES PRINCIPES
DU
PLAIN-CHANT.

A LYON, DE L'IMPRIMERIE DE PERISSE FILS.

ABRÉGÉ
DES PRINCIPES
DU
PLAIN-CHANT.

A BOURG,
CHEZ BOTTIER, IMPRIMEUR LIBRAIRE.

1827.

ABRÉGÉ
DES PRINCIPES
DU
PLAIN-CHANT.

Le Plain-Chant est un chant grave en usage dans l'Eglise.

Ce chant, comme la parole, se retrace et se lit sur le papier par le moyen de certains caractères qui lui sont propres.

Ces caractères sont : les lignes, les notes, les clefs ; les *bémol*, *bécarre*, et *dièze*, les cadence, guidon, petite barre, grande barre, et double barre.

Les lignes, ainsi faites et ainsi tirées de gauche à droite ☰ servent à recevoir tous les autres caractères du Plain-Chant. Elles sont au nombre de quatre ; mais on leur en ajoute quelquefois une cinquième en haut ou en bas comme ceci :

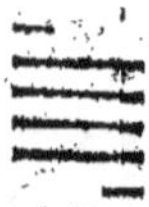

Les notes, ainsi faites et ainsi posées sur les lignes et entre les lignes   servent à exprimer les divers tons de la voix ; c'est-à-dire, les divers degrés que la voix forme naturellement, tant en s'élevant depuis le ton le plus bas jusqu'au ton le plus haut, qu'en s'abaissant depuis le ton le plus haut jusqu'au ton le plus bas. Ces notes sont au nombre de sept, et se nomment, *ut*, *ré*, *mi*, *fa*, *sol*, *la*, *si*, en montant, et *si*, *la*, *sol*, *fa*, *mi*, *ré*, *ut*, en descendant ; mais on les redouble aussi soit en haut en recommençant par *ut*, *ré*, *mi*, etc. soit en bas en recommençant par *si*, *la*, *sol*, etc. On verra plus bas pourquoi il n'y a ainsi que sept notes. Enfin ces notes se font de diverse manière pour exprimer les tons de la voix plus ou moins rapides; plus ou moins lents. Ainsi faites ◆, elles s'appellent brèves, et expriment un ton rapide; ainsi faites ■, elles s'appellent carrées simples; et expriment un ton une fois moins rapide; ainsi faites ■■, elles s'appellent carrées doubles, et expriment un ton une fois plus lent encore. Enfin la queue qui se trouve aux carrées simples et doubles prolonge encore leur ton de la moitié.

Les clefs, ainsi faites et ainsi posées au commencement des lignes servent à indiquer la place des notes. Elle sont au nombre de deux, dont l'une qui comprend les trois premières s'appelle clef d'*ut*, et indique que la ligne sur laquelle elle est posée est la place de la note *ut*, d'où l'on voit la place de toutes les autres notes; et l'autre qui est la quatrième s'appelle clef de *fa*, et indique que la ligne sur laquelle elle est posée est la place de la note *fa*, d'où l'on voit de même la place de toutes les autres notes. On verra aussi plus bas pourquoi les notes changent ainsi de place par le moyen des clefs.

Le *bémol*, ainsi fait *b*, se pose quelquefois devant le *mi* et plus ordinairement devant le *si*; et il fait baisser le ton de ces notes de près de la moitié. Il se pose quelquefois de suite après la clef. Alors il s'appelle *bémol* continuel, et il sert pour toutes les notes qui le suivent dans le courant des lignes. Lorsqu'il est posé au milieu des lignes, il s'appelle *bémol* accidentel, et il ne sert alors que pour la note suivante.

Le *bécarre*, ainsi fait ♮, se pose après le *bémol*, et remet les notes qui le suivent à leur ton naturel. S'il est posé après le *bémol* continuel, il ne sert que pour la note suivante.

Le *dièze*, ainsi fait ✠, se pose devant

l'*ut*, devant le *fa* et quelquefois même devant le *sol*, et fait monter le ton de ces notes de près de la moitié. Mais il ne sert toujours que pour la note suivante.

La cadence ainsi faite +, se pose au-dessus ou au-dessous de quelques notes, pour marquer qu'il faut cadencer le ton de ces notes comme si l'on trembloit en les chantant.

Le guidon ainsi fait , se pose à la fin des lignes pour indiquer, parla place qu'il occupe, la première note des lignes suivantes.

La petite barre ainsi faite , se pose sur les deux lignes du milieu après chaque mot, pour les séparer les uns des autres.

La grande barre ainsi faite , se pose sur les quatre lignes après chaque mesure ou lignes des *proses* et des *hymnes*, et après chaque article du *Credo* pour les séparer aussi simplement les uns des autres.

La double barre ainsi faite ‖, se pose également sur les quatre lignes ; après le premier ou les deux premiers mots de presque toutes les pièces de Chant, pour en marquer l'intonation ; après chaque strophe des *proses* et des *hymnes*, et souvent après divers morceaux de la même pièce de Chant, pour marquer que ces strophes et ces divers morceaux doivent se chanter alternativement par les deux côtés du Chœur; enfin après chaque pièce de Chant, pour en marquer la fin. La double barre que l'on trouve posée au milieu de tous les *Introïts*, marque qu'après avoir chanté le *Psaume*, il faut reprendre l'*Introït* jusqu'à cette double barre avant de chanter le *Gloria*, comme cela s'observe dans les grandes Paroisses.

Mais pour se pénétrer de tous ces principes du Plain-Chant, il faut nécessairement chanter les exemples suivans à l'aide d'un maître, qui fasse bien donner à chaque note le ton qui lui convient. Autrement on s'exposeroit à se former une routine dont il seroit ensuite difficile de se corriger. Le deuxième exemple et les suivans se chanteront, comme le premier, sur toutes les clefs.

PREMIER EXEMPLE,

POUR LA CLEF D'*UT* EN Ire LIGNE.

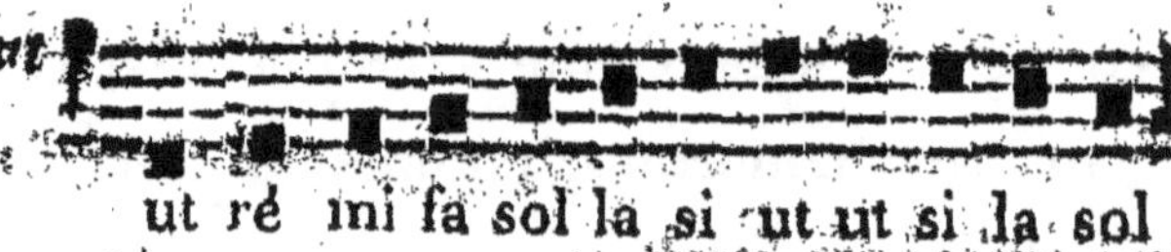

ut ré mi fa sol la si ut ut si la sol

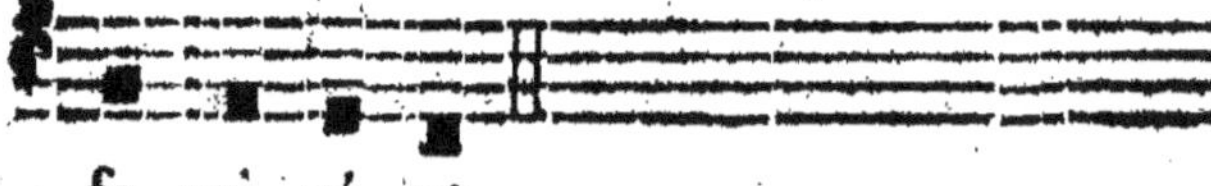

fa mi ré ut.

Ier EXEMPLE,

POUR LA CLEF D'*UT* EN IIme LIGNE.

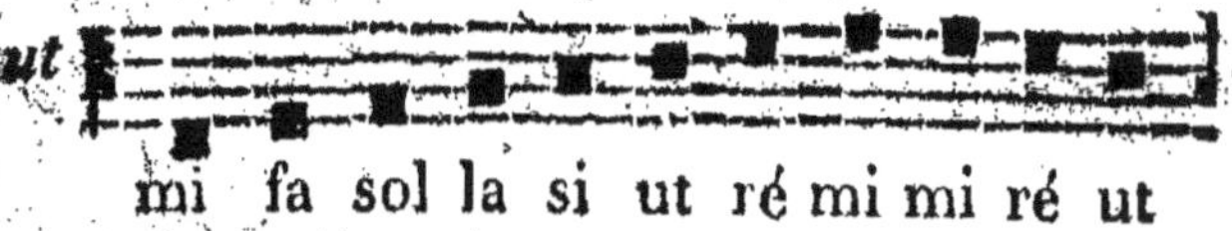

mi fa sol la si ut ré mi mi ré ut

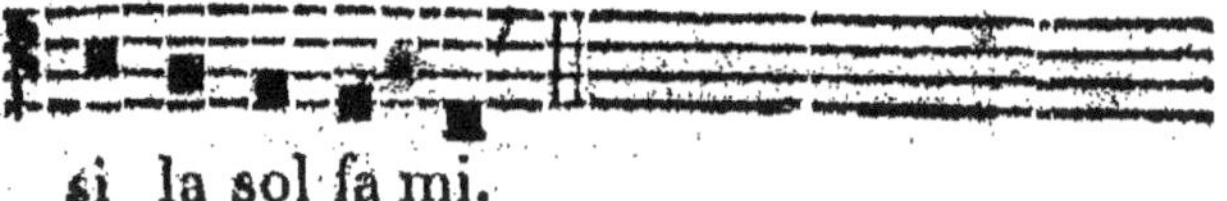

si la sol fa mi.

Ier EXEMPLE,

POUR LA CLEF D'*UT* EN IIIme LIGNE.

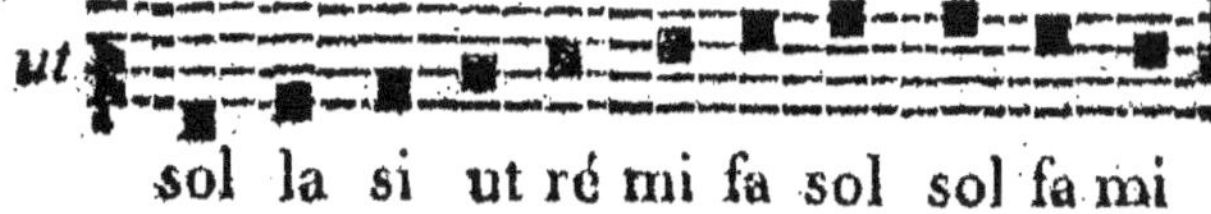

sol la si ut ré mi fa sol sol fa mi

Ier EXEMPLE,

POUR LA CLEF DE *FA*.

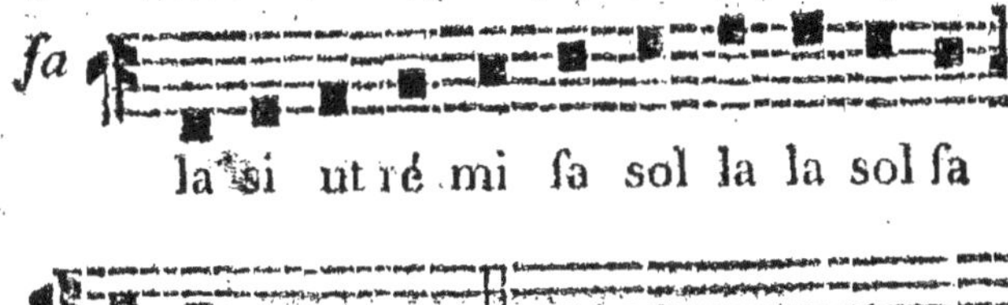

IIme EXEMPLE,

POUR TOUTES LES CLEFS.

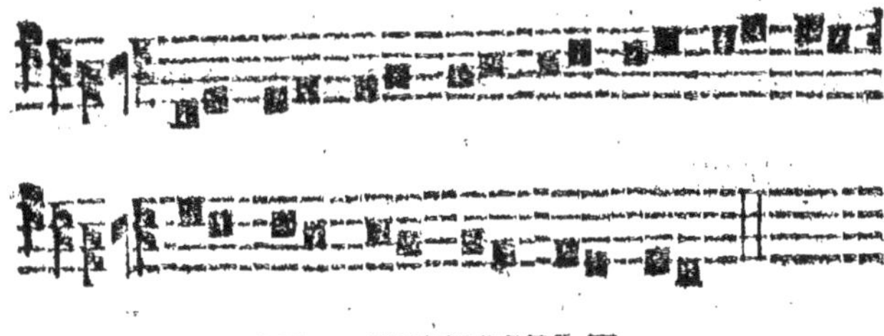

IIIme EXEMPLE,

POUR TOUTES LES CLEFS.

IVme EXEMPLE,

POUR TOUTES LES CLEFS.

Vme EXEMPLE,

POUR TOUTES LES CLEFS.

VIme EXEMPLE,

POUR TOUTES LES CLEFS.

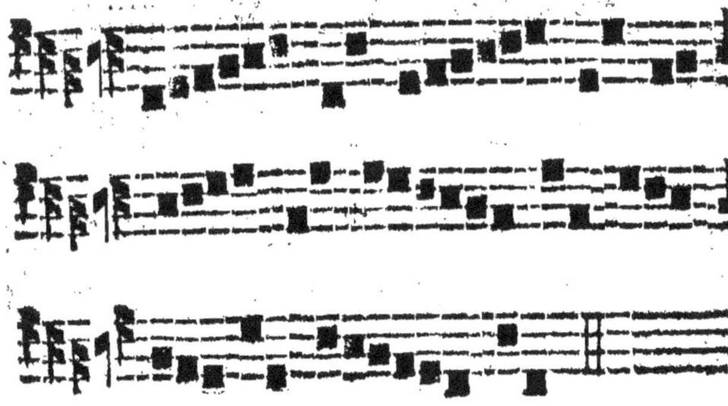

VIIme EXEMPLE,

POUR TOUTES LES CLEFS.

VIIIme EXEMPLE,

POUR TOUTES LES CLEFS.

AUTRE EXEMPLE POUR LES *BÉMOL*, *BÉCARRE*, *DIÈZE* ET *CADENCE*.

AUTRE EXEMPLE POUR LES DIVERSES ESPÈCES DE NOTES.

REMARQUE

SUR LES TONS DE LA VOIX EXPRIMÉS PAR LES NOTES.

S'IL n'y a que sept notes dans le Plain-Chant comme dans la musique, c'est que la voix ne forme aussi que sept tons différens qu'elle redouble comme les notes à mesure qu'elle s'élève plus haut ou qu'elle descend plus bas.

Ces sept tons de la voix se divisent en cinq tons entiers; c'est-à-dire, des degrés de voix bien marqués et bien sensibles; et en deux demi-tons; c'est-à-dire, des degrés de voix presque la moitié moins marqués et moins sensibles.

Ces tons entiers et demi-tons se trouvent intercalés les uns dans les autres, de manière que la voix, en montant, forme d'abord un demi-ton, ensuite deux tons entiers, puis l'autre demi-ton, et enfin les trois autres tons entiers, d'où il s'ensuit que les notes *ut* et *fa* n'expriment que des demi-tons, et que toutes les autres notes expriment des tons entiers.

Mais ces demi-tons peuvent aussi être exprimés par les autres notes. C'est ce qui arrive par le moyen du *bémol* qui en laissant à l'*ut* et au *fa* des tons entiers, fait descendre les demi-tons sur le *si* et sur le *mi*; et par le moyen du *dièze* qui en donnant de même à l'*ut* et au *fa* des tons entiers, fait monter les demi-tons sur le *ré* et sur le *sol*.

REMARQUE

SUR LES TONS OU MODES DU PLAIN-CHANT.

Si les notes changent de place par le moyen des clefs, ce n'est point parce que le chant doit être tantôt plus haut, tantôt plus bas; car il doit toujours être uniforme et convenable à la majorité des voix; mais c'est parce que les divers tons ou modes du Plain-Chant l'exigent ainsi.

Ces tons ou modes du Plain-Chant sont diverses espèces d'harmonie ou modulation que les diverses pièces de chant peuvent présenter. Ils sont au nombre de huit principaux qu'on appelle tons réguliers, et ils se distinguent ordinairement par leur note dominante, c'est-à-dire celle qui revient le plus souvent dans chaque pièce de chant, et par leur note finale, c'est-à-dire celle qui finit chaque pièce de chant.

Voici la dominante et la finale de chacun de ces tons.

Ton.	Dominante.	Finale.
I.	*La.*	*Ré.*
II.	*Fa.*	*Ré.*
III.	*Ut.*	*Mi.*
IV.	*La.*	*Mi.*
V.	*Ut.*	*Fa.*
VI.	*La.*	*Fa.*
VII.	*Ré.*	*Sol.*
VIII.	*Ut.*	*Sol.*

Tous les autres tons qui n'ont pas ces dominantes et finales sont des tons dérivés de ces huit, et on les appelle tons irréguliers.

REMARQUE

SUR L'EXÉCUTION DU PLAIN-CHANT.

Pour bien exécuter le Plain-Chant, il faut 1.° Être bien sûr du ton de chaque note ; et par conséquent être exercé à chanter les notes toutes seules, ce qui s'appelle solfier ; 2.° Observer la valeur de chaque note ; c'est-à-dire, passer rapidement sur les *brèves* et traîner plus ou moins sur les différentes notes *longues*, excepté dans les *proses* où il faut regarder comme des *brèves* toutes les notes *longues* qui sont plusieurs pour la même syllabe ; 3.° Prononcer bien distinctement les mots, et par conséquent savoir suffisamment lire ; 4.° Ne couper jamais le sens des mots pour respirer, et à plus forte raison ne pas respirer au milieu des mots ; 5.° Enfin chanter plus ou moins lentement selon la solennité de l'Office.

FIN.

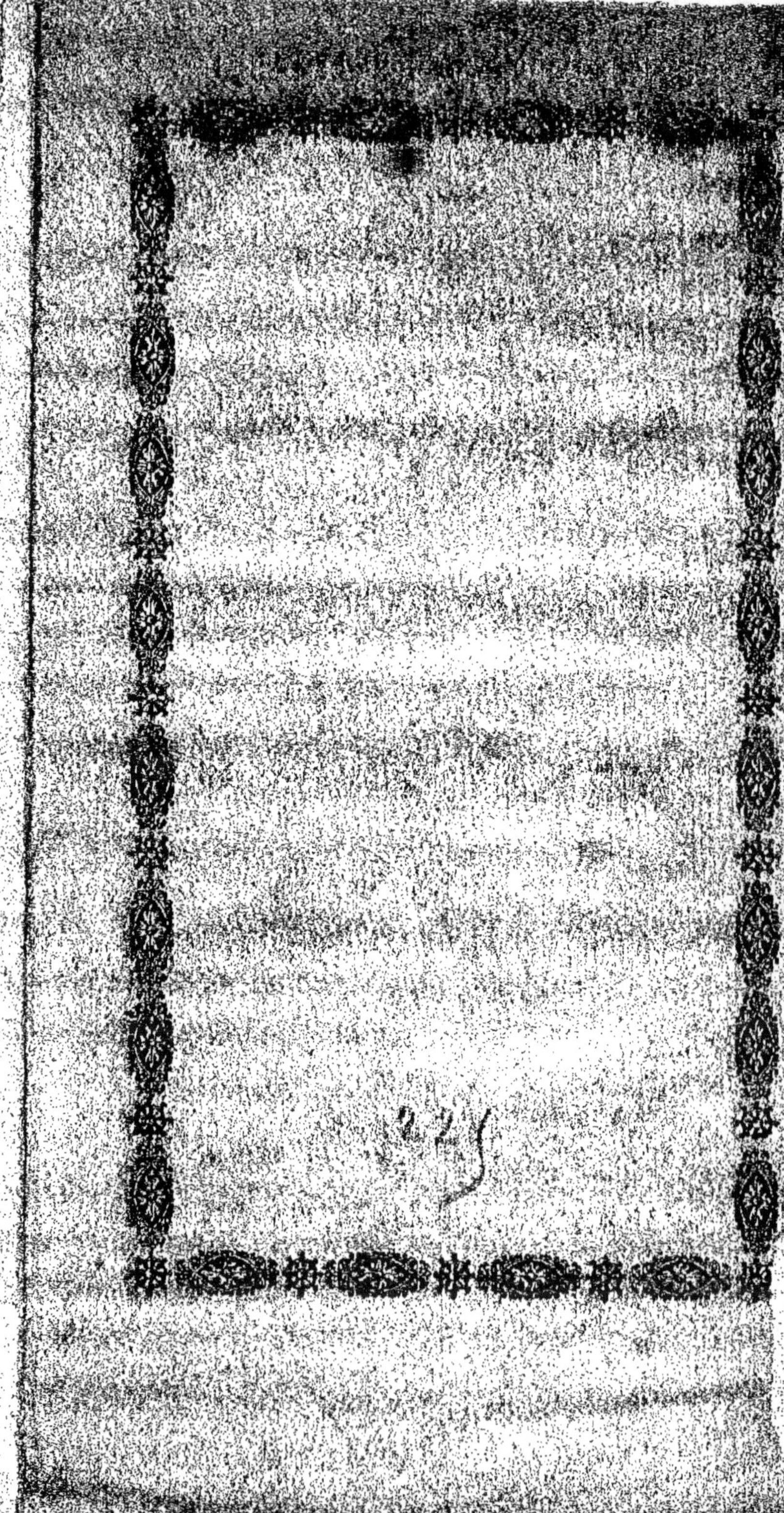

www.ingramcontent.com/pod-product-compliance
Lightning Source LLC
LaVergne TN
LVHW010305230826
846091LV00007BB/2719

* 9 7 8 2 0 1 9 6 2 3 9 5 1 *